LE BON FRÈRE,

PARODIE DE CASTOR ET POLLUX,

EN UN ACTE, EN PROSE;

MÊLÉE DE VAUDEVILLES.

PAR M. NOUGARET.

A PHILADELPHIE,

Et se trouve A PARIS,

Chez {
L'AUTEUR, rue Saint-Jean-de-Latran, au coin de celle Saint-Jean-de-Beauvais.
La Veuve DUCHESNE, Libraire, rue Saint-Jacques, au Temple du Goût.
BELIN, Libraire, rue Saint-Jacques, vis-à-vis celle du Plâtre.
}

M. DCC LXXIX.

AVERTISSEMENT.

APRÈS m'être amusé, en 1771, à composer cette bagatelle, que je destinais pour un Théâtre de Société ; j'appris que MM. les Comédiens Italiens, se proposaient de ressusciter le genre de la Parodie, qu'ils avaient dédaigné pendant plusieurs années. Quoique j'appréciâsse le mérite de ma frivole production, je crus devoir cependant leur en parler, afin que le Public en fit promptement justice ; mais M. Anseaume, à qui je m'adressai d'abord, me dit que la Troupe avait déja reçue une Parodie de *Castor & Pollux*, qui était en trois Actes, pour laquelle il y avait beaucoup de dépenses de faites ; & qu'ainsi il ne croyait pas que la mienne pût être agréée. Je n'insistai point, je me soumis à cet arrêt, j'ensevelis ma Pièce au fond de mon porte-feuille, & je l'oubliai totalement, ainsi que celle de mon heureux Rival, qui fut quatre ans sans être jouée; car la Parodie que les Italiens donnèrent le Samedi 10 Mai 1777, est la même qui m'attira une espèce d'exclusion. La subite apparition de cet Astre qui avait éclipsé ma petite Planète, rappella dans ma mémoire le badinage que j'avais condamné à l'oubli : je résolus de le faire du moins connaître au Public par la voie de l'impression. Mais on me fit observer que le tems de l'à-propos était passé, & qu'il fallait attendre une nouvelle reprise de *Castor & Pollux*. Aujourd'hui que ce Chef-d'œuvre du Théâtre Lyrique reparaît sur la Scène, grace aux soins du nouvel Administrateur, qui s'efforce de rendre l'Opéra aussi varié qu'il est possible, je me hasarde de faire imprimer cette petite Pièce, qui sera, je crois, représentée au Spectacle du sieur L'ECLUSE; mais sans les couplets, attendu que depuis la suppression de l'Opéra-Comique, il n'est plus permis de chanter des Vaudevilles.... jusqu'à ce qu'un Mécène, bienfaiteur des talens, fasse renaître un genre qui appartient exclusivement à notre Nation, & dont elle gémit d'être privée.

Comme on n'aime plus à rire, parce que la mode en est passée, & parce que tous les genres de la Littérature ont actuellement une teinte rembrunie, il pourrait fort bien arriver que cette Parodie ne fut point écrite d'un ton convenable à l'esprit du jour. Qu'y faire? Je tâcherai de m'en consoler avec le petit nombre de personnes qui ne rougissent point encore d'être partisans de la gaîté.

Je crois devoir avertir que M. Arnould, mon ami, a eu quelque part à cette bagatelle, qui aurait plus de mérite si j'avais toujours suivi ses conseils; car comme il a beaucoup d'esprit, une grande connaisſance du Théâtre , une humeur très-enjouée, on ne peut que gagner en ſe l'aſſociant dans la carrière que j'ai parcourue.

J'eſpère qu'on ne nous accuſera point l'un & l'autre de mépriſer le Poème de *Caſtor & Pollux* ; nous rendons juſtice à l'Art avec lequel l'intrigue eſt conduite, & au ſtyle, tendre ou ſublime, ſelon les circonſtances ; mais nous avons cru pouvoir , ſans riſquer d'être regardés comme d'injuſtes Ariſtarques , relever quelques négligences échappées au Poëte , & métamorphoſer en perſonnages comiques ou burleſques , des Héros & des Dieux , ſelon le privilége de la Parodie. Les Auteurs d'*Agnès de Chaillot* , des *Enfans trouvés* , & du *Magot de la Chine* , n'ont jamais été ſoupçonnés de ne point rendre juſtice aux Tragédies immortelles d'*Inès de Caſtro* , de *Zaïre* , & de l'*Orphelin de la Chine*. Perſonne ne doit plus que moi ſur-tout admirer les excellens Poëmes de l'Opéra; moi qui connaîs combien il eſt difficile d'en faire de bons, & de ne point recourir à l'indulgence du Public.

PERSONNAGES.

CASTOR, Garçon Chapelier.

POILU, Maître Chapelier, frère aîné de Castor.

TIRELIRE, promise à Poilu.

BÉBÉ, Harangère, & sœur de Tirelire.

LANCETTE, invalide & muet, rival de Castor.

JUPIN, Charlatan, Père de Castor & Poilu.

DEUX GARÇONS CHAPELIERS.

UN VOISIN.

BOUQUETIÈRES.

TROUPE DE HARANGÈRES.

JURÉS-CRIEURS.

MAITRES ET GARÇONS CHAPELIERS.

La Scène est à Paris.

LE BON FRERE,

PARODIE,

EN UN ACTE.

Le Théâtre représente une rue; on voit d'un côté la Boutique d'un Chapelier.

SCÈNE PREMIERE.

BÉBÉ, LANCETTE.

BÉBÉ.

AIR : *du Fleuve d'oubli.*

A TOUT ce qu'il faut faire,
Te voilà résolu?

LANCETTE.

U, u, u.

BÉBÉ.

Et si ma sœur t'est chère,
Frappe comme un perdu.

LANCETTE.

U, u, u.

BÉBÉ.

Cours illustrer ta mémoire,
Et du vin de Chili.

LANCETTE.

I, i, i.

BÉBÉ.

Tu vas boire.

BÉBÉ.

M'entens-tu, chien de muet?

LANCETTE.

Et, et, et.

BÉBÉ.

Mais, dis-tu oui, figure de tapisserie?

LANCETTE.

Ie, ie, ie.

BÉBÉ.

Mort de ma vie! y me traibouille sans-dessus-dessous. Je te l'ons déja dit, ma petite sœur Tirelire épouse Poilu, ce bon-homme, dont on fait tout ce qu'on veut. Écoute, pour troubler la fête, quand tu verras ta maitresse,

AIR : fin de l'air *Pour voir un peu comment ça fera.*

Y en lève, y en lève-là,
Pour voir un peu comment ça fera.

LANCETTE.

A, a, a.

BÉBÉ.

T'es donc décidé à ſuivre mes inſtructions ?

LANCETTE, *faiſant un ſigne d'approbation.*

On, on.

BÉBÉ.

Vela parler ça. Mais pour ce qui eſt de ce que à l'égard de ton rival, roſſe-le moi d'importance :

AIR : *Du haut en bas.*

Du haut en bas,
Y faut ly frotter chaque épaule ;
Du haut en bas,
Roſſe-le comme eun fier à bras.
Pour moi, je dédaignons la gaule,
Et prétendons traiter le drôle
Du haut en bas.

LANCETTE, *ſautant de joie.*

Ah ! ah ! ah !

BÉBÉ.

Conte-moi donc de bout en bout comment tu vas t'y prendre.... Mais eſt-ce que mon eſprit tombe en ſyntecope, de vouloir diſcourir avec eun muet ? Jarni ! vit-on jamais eun Soldat, eun Mirlitaire qui a ſervi dans les Troupes de l'armée, ne parler pas pus que le cheval de bronze ? Ste perſonnage-là ne s'eſt jamais vu.... qu'à l'Opira.

LANCETTE.

Ra, ra, ra.

BÉBÉ.

Oh, tians, tu m'éluges, tu me fiches trop malheur avec tes i, on, a. Va t'en préparer tous tes chenapans ; & nous verrons bieau jeu.

LANCETTE, *sort en faiſant des armes.*

Eh ! oh ! ah !

SCENE II.

BÉBÉ, *ſeule.*

ADIEU, perſonnage à voir ſous le Thiâtre ; mais s'il ne parle non pus qu'une image, y n'a pas les doigts gourds ; c'eſt tout fin juſte, comme dit le proverbe ; pus d'effets que de paroles. En fabriquant ſte enlévement, y travaille pour ma perſonne. Je ne ſavons pas comment ça c'eſt fait, mais ſte grand drôle de Caſtor m'a chiffonné tout le cœur ; & malgré toutes les politeſſes dont j'ons uſé en ſon endroit, ne s'aviſe-ti pas de parférer ma ſœur Tirelire.

AIR : *du Confiteor.*

Un ſimple garçon Chapelier
Adoucit mon himeur trop fière ;
Oſe-t-on ſe méſallier,
Quand on eſt riche Harangère ?
J'éprouve encore la douleur
De me voir parférer ma ſœur.

Dame, ça vous est ben triste pour eune aînée qui vous a du sens jusqu'au bout des doigts. Si je m'en croyais, j'arracherais à Castor les deux yeux de la tête.... Ces yeux qui m'ont trapercé l'ame.

AIR : *dans les Gardes Françaises.*

Castor, ton cœur de roche
Est pus dur qu'eun caillou;
Si-tôt que je m'approche,
Tu t'enfuis comme eun fou.
En vain je l'y reproche
Qu'y cause mon ennui;
Ses mains sont dans sa poche,
Quand je sis près de lui.

Je voyons là bas ma sœur Tirelire, qui viant ici en marchant à pas comptés. Ne nous montrons que pour faire eun vacarme de tous les diables.

(*Elle s'en va*).

SCENE III.

TIRELIRE, *seule.*

Bon Dieu ! qu'il est cruel pour eune fille d'honneur de vous épouser eun vilain homme qu'alle n'aime pas ! stapendant ça vous arrive tous les jours. Poilu, mon futur, est Maître Chapelier; son frère n'est qu'eun Chambrelan, qui risque à toute minute d'être saisi par les Jurés. Mais ce n'est pas le *quibus* qui rend heureux dans le mariage; on s'en fiche comme de ça. D'ailleurs, je savons faire quelque chose de nos dix doigts, & je ne restons pas oisive sur une chaise.

AIR : *Vous m'entendez bien.*

On est de bons petits Époux,
Et le Dieu d'Himmen semble doux,
Si la paix du ménage,
 Eh ben ?
Est en votre partage;
Vous m'entendez ben....

Ou j'avons la berlue, ou je voyons mon cher Castor.

SCENE IV.

TIRELIRE, CASTOR, *mis à-peu-près comme le beau Léandre.*

CASTOR.

VOTRE serviteur, mon Amante incomparable.. Je m'en apperçois, tu es moins triste que moi: une fille est toujours bien-aise d'être mariée.

TIRELIRE.

En vreté de Dieu ! Comme vous dites ça, mon petit poulet..... Tians, vois-tu, je tâchons de prendre mon mal en patience.

CASTOR.

Comment se peut-il que vous vous décidiez à épouser mon frère, tandis que vous rafolez de ma personne ?

TIRELIRE.

Et toi, tu me laisses tranquilement épouser ton frère : tu te contentes de pleurer comme un viau, & de me dire par tendresse, en façon de galimathias :

AIR : *Réveillez-vous, belle endormie.*

Si j'ai trouvé cent fois la vie,
Dans tes yeux, maîtres de mon sort,
Quand l'espérance m'est ravie,
J'y trouverais cent fois la mort.

CASTOR, *d'un ton très-comique.*

Hélas ! hélas !

TIRELIRE.

Mort de ma vie ! putôt que de te lamenter ni pus ni moins qu'un amoureux transi, ne ferais-tu pas mieux de ficher le tour à ton frère, & de me....

CASTOR.

Tiens, vois-tu, mon frère & moi nous nous aimons tant, que c'est une merveille. Quand nous étions petits nous ne nous battions jamais pour nous disputer quelques friandises ; &

quand l'un des deux avait le fouet à l'école, l'autre se mettait aussi tôt à crier de toutes ses forces. Puisque tu lui as donné dans l'œil, je dois te céder, quoiqu'en enrageant.

AIR : M. *de Catinat.*

Vous épousez mon frère, & pourtant vous m'aimez,
Lorsque tous mes malheurs vont être confirmés;
Moi, je ne tâche point d'empêcher un Himen,
Qui me prépare, hélas! le plus cruel chagrin.

TIRELIRE.

AIR : *Réveillez-vous, belle endormie.*

Si vous souffrez un mariages
Qui vous cause un mortel dépit,
C'est que vous manquez de courage,
Ou que vous avez peu d'esprit.

CASTOR.

AIR : *Adieu panier, vendanges sont faites.*

Je ne te conte plus fleurettes,
Je renonce à ton bec mignon,
Et je dois dire avec raison;
Adieu panier, vendanges sont faites.

TIRELIRE.

Parle donc, eh, mon fareau! est-ce ti-là le langage d'eun amoureux? On dirait ben putôt à t'entendre, que t'est mon mari depis long-tems.

CASTOR.

Mais, puis-je, en conscience, couper les oreilles à mon frère? d'ailleurs, il est mon aîné ; il eſt Maître Chapelier ; ſa boutique eſt bien achalandée. Ainſi, je vais me faire ſoldat.

AIR : *Adieu donc, Dame Françoiſe.*

Adieu donc, ma Tirelire,
Qui me mettais tout en feu ;
Je puis t'en faire l'aveu,
Toujours pour toi je ſoupire.
Je vais me faire ſoldat,
Je vais me faire ſoldat ;
Je le jure, Tirelire,
Par cette priſe de tabac.

TIRELIRE.

Y faut avouer que t'as eune façon de conſoler on ne peut pas pus agriable.

CASTOR.

Que veux-tu que je te diſe ? je t'aime d'une manière inconcevable ; je t'adore, & je conſens au bonheur de mon rival. Adieu, je pars, je ſuis parti.

(*Il fait quelques pas pour s'en aller.*)

TIRELIRE, *l'arrêtant.*

Tu mériterais ben que j'aimions de bonne-foi le chien de mari qu'on me force de prendre ni pus ni moins qu'une médecine.... mais non, je voulons ſuivre la mode ertablie.

SCENE V.

Les Précédents, POILU, *se cachant pour les observer.*

POILU, *à part.*

Que disent-ils donc là ? Écoutons-les : ils parlent assez haut pour être entendu.

CASTOR.

Quoi ! ma chère, ma tendre, ma divine Tirelire, tu m'adoreras toujours, quand tu seras la femme de mon frère Poilu ?

TIRELIRE.

Oui, mon charmant Castor, j'en sommes fâchée pour notre Futur ; mais, pardine, que n'imitait-y ton exemple ; que ne se faisait-y aimer avant de songer au mariage ?

POILU, *au fond du Théâtre.*

J'entens-là de belles choses.

CASTOR.

Morbleu ! j'entre en fureur, quand je songe à l'heureuse félicité de mon frère......

TIRELIRE.

AIR : *A la façon de Barbari.*

Sois en sûr, y doit être heureux ;
Je l'y serons fidelle ;

Quand l'Hyrmen le rendra joyeux,
Je réponds de mon zèle,
Y sera mon petit mignon,
La faridondaine, la faridondon,
Et le pus aimé des maris,
Biribi,
A la façon de Barbari,
Mon ami.

CASTOR.

Je suis dans un désespoir furieux.... il faut que je t'embrasse pour la dernière fois : aussi-bien est-il tems que je m'apperçoive que je suis seul avec toi ?

TIRELIRE.

Oh, je le voulons ben ; je n'avons encore ni rien promis, ni rien juré à Monsieu mon Futur. (*Castor l'embrasse.*)

POILU, *les prenant par la tête & les fesant embrasser de nouveau.*

Courage ! ne vous gênez pas.

TIRELIRE.

Ah ! bon Dieu ! il arrive-là tout comme eun accident : vela que j'alions perdre note honneur, qui nous a tant coûté à ertablir.

CASTOR.

Que veux-tu, ma chère, j'ai fait la sottise ; j'ai oublié de parler bien bas, ou de voir si personne ne nous entendait.... Que diable aussi, je crie à pleine tête.

POILU.

Ah ! ah ! Mamefelle Tirelire, comme vous y allez ! Pour agir de la forte, vous deviez au moins attendre que vous fuffiez ma femme.

AIR : *Ah, maman, que je l'ai échappé belle.*

Par ma foi, je l'échappe bien belle !
Si j'avais toujours
Cru mes amours,
Mademoifelle ;
Pour le coup, vous m'en donniez dans l'aile ;
Un moment plus tard
Que j'allais courir de hafard !

TIRELIRE, *embarraffée.*

Monfieu.... vous favez.... ou vous devez favoir, que les apparences font queuque fois trompeufes.

POILU.

Là, là, ceffez de vous tant troubler ; & vous auffi, mon petit frère doucereux. Vous vous convenez l'un & l'autre : eh bien, foyez fatisfaits, je change tout-à-coup de façon de penfer ; je confens que vous foyez unis, & je veux que les apprêts de ma nôce, fervent, dès aujourd'hui, pour la vôtre. Mamefelle Tirelire, j'arrangerai tout cela avec vos parens.

(Il chante.)

Mariez, mariez, mariez-vous,
Pour éteindre votre flamme ;
Mariez, mariez-vous,
Votre feu fera plus doux.

TIRELIRE.

En verté, Monſieu Poilu, vous me cauſez eune ſurpriſe qui m'étonne étrangement ; vous me faites tomber en interdiction. Ce matin vous me vouliez pour votre femme, en dépit de tout ce qui pouvait vous en arriver ; & à ſt'heure vous ne m'aimez pas pus que ſi j'étions eun de vos Créanciers. Vous changez donc comme eune girouette ?

POILU.

Que voulez-vous ? je cherche à vous faire plaiſir.

CASTOR.

Mais, mon Frère, votre procédé n'eſt point du tout naturel.

POILU.

Oh ! moi, je ſuis une bonne pâte d'homme : on fait de moi tout ce que l'on veut.

TIRELIRE, *à part.*

L'excellent mari que je perdons-là.

POILU.

Allons, allons, vous ſerez mariés enſemble ; c'eſt une affaire décidée. On ne changera pas grand choſe au contrat. Ma complaiſance n'étonnera que ceux qui ne connaitront pas ma façon de penſer : j'aime tant mon cher Frère Caſtor, que s'il le fallait, je m'éleverais en l'air pour lui, comme une fuſée, & me jetterais la tête la première dans le feu.

CASTOR.

Eh bien.... je veux auſſi me piquer de

générosité , moi : je sais que vous avez un caprice pour Mameselle Tirelire ; je vous la cède.

POILU.

Parbleu ! je dois donner l'exemple à mon Cadet ; & tu dois m'obéir. La voilà.

(*Il se la renvoye l'un à l'autre.*)

CASTOR.

Non, elle est pour vous.

POILU.

Je te l'abandonne, te dis-je.

TIRELIRE.

Parlez donc, biaux amoureux transis ; est-ce t'y que vous me prenez pour eune balle de paume ?

POILU.

AIR : *Dans le fond d'une écurie.*

Tiens, prends-là, je te la cède.

CASTOR, *la repoussant.*

Morbleu ! je n'en ferai rien ;
Mon frère, c'est votre bien.

POILU, *la lui renvoyant.*

De ton mal, prends le remède.

TIRELIRE.

Finissez donc, mes amis.

CASTOR, *à Tirelire.*

Je te cèdes.

POILU, *à Castor.*

Cèdes.

CASTOR, *à Tirélire.*

Cèdes.

TIRELIRE.

Finiſſez donc, mes amis.

Bon Dieu! j'ons le bras démis.

CASTOR.

Puiſque vous le voulez abſolument, mon cher frère, je veux bien me mettre en votre lieu & place.

TIRELIRE.

J'aurons donc eun ſecond mari, ſans avoir été veuve!

(L'Orcheſtre joue l'Air: *Achetez de nos bouquets.*)

SCENE VI.

Les précédents, des BOUQUETIERES.

UNE BOUQUETIERE, *s'adreſſant à Poilu, & lui préſentant un bouquet.*

AIR: *Attendez-moi ſous l'orme.*

BIEAU futur, je vous donne
Ce bouquet de ſoucis;
Souvent c'eſt la couronne
De biauçoup deMaris.

Tenez encor, mon drille,
Ste fleur, alle eſt pour vous;
La couleur de jonquille
Appartient aux Époux.

POILU.

Ce n'eſt plus à moi que vous devez préſenter vos bouquets: c'eſt à mon frère, à qui je viens de céder généreuſement ma prétendue.

UNE BOUQUETIÈRE, *offrant des fleurs à Caſtor.*

AIR: *Et flon, flon.*

Quand la Roſe te tente,
Ne crains point, mon garçon,
Que l'épine piquante
Soit auprès du bouton.
Et flon, flon,
La liradondaine,
Et flon, flon,
La liradondon.

2e. COUPLET.

La fleur la moins jolie,
Devient chère au garçon,
Quand l'amour l'a cueillie,
Et qu'il en fait un don.
Et flon, flon.
La liradondaine,
Et flon, flon,
La liradondon.

3e. COUPLET.

3e. COUPLET.

(*A Tirelire.*)

Si comme l'immortelle
Que voici, mon tendron,
La femme restait belle,
Quel bien pour Curpidon!
Et flon, flon,
La liradondaine,
Et flon, flon,
La liradondon.

4e. COUPLET.

Le jour du mariage,
On est gai comm' pinson;
Bentôt on perd courage,
On n'dit pus la Chanson;
Et flon, flon,
La liradondaine,
Et flon, flon,
La liradondon.

(*Danse des Bouquetières, qui est interrompue par l'Air de la petite Poste de Paris, que joue l'Orchestre.*)

POILU.

Que nous veut le père Tirepied? Il a l'air aussi désespéré qu'un Musicien qui a mis en chant un mauvais Opéra.

SCENE VII.

Les Précédents, UN VOISIN.

LE VOISIN.

AIR : *La petite Poste de Paris.*

AH ! mes voisins, ah ! mes voisins!
Armez-vous contre des faquins ;
Ils vont venir jusques chez vous,
Afin de vous rouer de coups ;
Pour cette extravagance-là,
Ils se règlent sur l'Opéra.

Quelle horrible grêle va fondre sur votre dos !

AIR, *Aux armes, Camarades.*

Aux armes, Camarades,
Croyez-moi, sauvez-vous ;
Bébé va guider les coups.

POILU, *à Castor.*

Aux armes, Camarades.

POILU, *appellant ses Garçons.*

Mes garçons, vîte accourez tous.

GARÇONS-CHAPELIERS *armés de gourdins, &c. &c.*

Aux armes, Camarades,
Étrillons, assommons
Tous ces maudits Fanfarons.

SCENE VIII.

Les précédents, BÉBÉ, LANCETTE, *Troupes de Soldats & d'Invalides plaisamment estropiés.*

BÉBÉ, SOLDATS.

Aux armes, Camarades,
Étriptez, frappons, combattons.

UN INVALIDE.

AIR : *Gringole est en courroux*, ou, *Margot a vendu son cotillon.*

Arrêtons-nous un instant,
Je tremble, je tremble,

BÉBÉ.

Et que crains-tu donc tant?
Cognons les ensemble.

TIRELIRE, *à Castor, voulant l'amener.*

Ma sœur est en courroux ;
Câstor, que t'en semble ?
Je crains les coups.

(*Combat, pendant que l'Orchestre joue l'Air* Charivari, *Vaudeville de Ragonde. Les Soldats jettent leurs épées, & fondent bravement à coups de poings sur les Garçons Chapeliers, & sur Castor & Poilu, qui les reçoivent à coups de bâtons & à coups de pieds au cul.*

Les Invalides ſe ſervent de leurs béquilles pour ſe diſtinguer dans la bataille. Les Bouquetières prennent le parti de Tirelire, & ſe jettent dans la mêlée. Une Bouquetière, après avoir lutté contre Bébé, la pourſuit juſques hors du Théâtre. Caſtor eſt renverſé par Lancette. L'Orcheſtre ceſſe alors.)

POILU, *s'écriant.*

Miſéricorde! voilà mon pauvre frère tout en compote. (*Il chante.*)

Et a coups de pieds & à coups de poings,
Ils ont caſſé ſa gueule & ſa mâchoire.

TIRELIRE, *tombant ſur une borne.*

Ah! bon Dieu! vela que je tombe en fayence. (*Elle s'évanouit.*)

POILU.

Nous ne ſommes pas les plus forts; allons chercher la Garde.

(*Il ſort avec tout ſon monde, qui ſe bat en retraite.*)

SCENE IX.

TIRELIRE *évanouie*, LANCETTE, *revenant sur ses pas.*

LANCETTE, *sautant de joie, quand il apperçoit Tirelire.*

E! e! e! e!

(*Il la regarde avec complaisance, se jette à ses genoux, & lui fait ainsi sa déclaration; chose essentielle oubliée à l'Opéra.*)

(*L'Orchestre joue l'Air des Trembleurs.*)

LANCETTE, *en baisant la main de Tirelire.*

I, i, i.... oh! oh! ah! ah!... u!

(*Il se dispose à enlever Tirelire, & fait quelques pas en la portant sur son dos.*)

SCENE X.

Les Précédens, POILU, *Soldats du Guet.*

POILU, *arrêtant Lancette.*

MALHEUREUX Lancettte, chien de muet, tu vas être conduit au Fort-l'Évêque.

(*On met les menotes à Lancette, & la Garde l'amène. Poilu les suit.*)

POILU.

Mamefelle Tirelire commence à revenir ; il ne me refte plus qu'à envoyer bien vîte du fecours à mon frère. Je vais faire enfuite écrouer ce pendard de Lancette. (*Il s'en va.*)

TIRELIRE, *reprenant l'ufage de fes fens.*

D'où eft-ce que je venons?... fis-je Madame Lancette, Madame Caftor, ou Madame Poilu?... je fommes fi troublée, qu'à peine pouvons-je ty nous reconnaitre.... Allons vîte nous cacher, dans la crainte qu'on ne vienne encore nous enlever ; ce qui eft fort défagriable pour eune honnête fille.

AIR : *J'étais, j'étais perdue.*

Il était tems, par ma foi ;
Si l'on ne m'eut fecourue,
J'étions, j'étions, j'étions perdue.

(*Elle fort.*)

SCENE XI.

CASTOR, *évanoui*, deux GARÇONS-CHAPELIERS.

PREMIER GARÇON.

NOUS venons ramaſſer ce pauvre Monſieur Caſtor.

AIR : *Reçois dans ton galetas.*

Nous avons poché ben des yeux,
Et briſé pus d'une côte ;
Nous ſommes victorieux :
Lancette comptait ſans ſon hôte,
Et c'eſt ben avec raiſon
Qu'on vous le renferme en priſon ;
Qu'on vous le renferme en priſon.

DEUXIEME GARÇON.

Tiens, le voilà le frère de notre Bourgeois. (*Il lui crie aux oreilles.*) Oh ! Monſieur Caſtor !... Il ne remue plus.

PREMIER GARÇON.

Nous avons à déchanter.

DEUXIEME GARÇON.

Regarde, il a un œil poché..... Pauvre jeune homme !

PREMIER GARÇON.

Eſt-ce qu'il aurait reçu, dans la mêlée, un paſſe-port pour l'autre monde ?

DEUXIEME GARÇON.

En tout cas, mettons-le ici à l'air, ſur ce vieux canapé qui eſt dans un coin de la Boutique.

PREMIER GARÇON.

Tu as raiſon, je vais le chercher. C'eſt tout ce que nous avons le tems de trouver de plus commode ; car il faut de la vraiſemblance en toutes choſes.

(Il entre dans la Boutique.)

DEUXIEME GARÇON.

Que dira Mameſelle Tirelire ? Cette pauvre Amante va faire la déſolée.

PREMIER GARÇON, *aidant à porter le canapé.*

Voilà le canapé; couchons-le deſſus.

DEUXIEME GARÇON, *trouvant quelque choſe ſur le canapé*

Vois donc ce tu as apporté-là ?

PREMIER GARÇON.

Oh ! oh ! c'eſt la lampe de notre Boutique.

DEUXIEME GARÇON.

Il me vient une idée, il faut la laiſſer auprès de défunt Caſtor, afin d'éclairer ſon ombre, ſi, par haſard, elle voulait revenir. Cours l'allumer.

PREMIER GARÇON.

Oh! tu penses comme un Auteur de l'Arcadie : que ça va faire un beau jour bien sombre ! (*Il allume la lampe.*)

DEUXIEME GARÇON.

Couvrons-le maintenant de cette toile ; & allons avertir que le pauvre Castor est occis.

AIR: *La Palice est mort.*

Ç'en est donc fait de Castor,
Et sa carrière est finie !

PREMIER GARÇON.

Hélas ! s'il n'était pas mort,
Il serait encore en vie.

(*Ils sortent en répètant ces deux derniers Vers.*)

Le Théâtre n'est éclairé que par la lueur de la lampe.

SCENE XII.

TIRELIRE, *en grand deuil* ;
CASTOR, *sur le canapé.*

TIRELIRE.

AIR: *Des Pendus.*

Tristes apprêts, pâle flambeau,
Astre lugubre du tombeau ;

Votre clarté convient, sans doute,
A quiconque ne veut voir goute:
Soleil, tu n'as pus rien de biau,
Je vons habiter un caviau.

Hélas! que n'avons-je un petit doigt de Brandevin, à cerfin de me remettre le cœur!

AIR: *Robin Turelure.*

Quoi! mon cher amant est mort!
Ah! quelle déconfiture!
J'ons donc fait avec Castor,
Turelure,
Un mariage en peinture,
Robin turelure.

SCENE XIII.

TIRELIRE, LES JURÉS-CRIEURS, *en longs-manteaux de deuil.*

TIRELIRE.

JE voyons les Jurés-Crieurs; y venons déja se préparer.... Ah!... je sommes dans une affriction....

UN JURÉ-CRIEUR.

Camarades, il faut ici exercer nos poulmons pour le Convoi de feu Castor. Voyons si vous crierez de bonne-grâce.

LES JURÉS-CRIEURS.

AIR : *Ah! Madame Anroux.*

Ah ! comme des fous,
Amis, pleurons tous ;
Chantons sa mémoire ;
Crions tous plus fort ;
Il est mort sans gloire :
Ah ! quel triste sort !

UN JURÉ-CRIEUR.

A présent, un ton plus bas.

LES JURÉS-CRIEURS.

AIR : *Grégoire est mort.*

Castor est mort ;
Il a grand tort ;
Subitement il trépassa,
Pour nous fournir un Opéra.

UN JURÉ-CRIEUR.

C'est à merveille. Vous remplissez fort-bien votre office de Juré-Crieur. Allons, maintenant, distribuer des Crêpes, des Manteaux à tous les gens du Convoi. (*A Tirelire.*) Vous êtes, sans doute, la sœur ou la femme du pauvre défunt ?

TIRELIRE.

Que veut donc dire ste figure de trépassé ? Je ne sommes que sa Prétendue.

UN JURÉ-CRIEUR.

Est-ce que vous êtes folle, Mameselle, de vous équiper de la sorte, puisque ce pauvre défunt Castor ne vous était encore rien ? Ignorez-vous qu'il ne vous convenait de prendre le deuil que de votre mari ou d'un parent ?

TIRELIRE.

Tais-toi, Philosophe de Montmartre ; vela déja deux hommes qui me sont enlevés lorsqu'ils allions être mon bien conjugal ; j'ons voulu avoir la consolation de jouer, du moins, le rôle de Veuve.

SCENE XIV.

Les Précédents, POILU, JUPIN. (*Nota. Le Personnage de Jupin doit être représenté par Arlequin. Il est habillé grotesquement, à-peu-près comme on dépeint le gros Thomas.*)

POILU, *aux Crieurs.*

RETIREZ-VOUS Troupe lugubre ; mon père Jupin, ce fameux Charlatan que voilà, va, peut-être, ressusciter mon frère.

LES JURÉS-CRIEURS, *sortent en répètant :*

Castor est mort,
Il a grand tort, &c.

SCENE XV.

CASTOR, *évanoui*, POILU, JUPIN, TIRELIRE.

POILU.

RANGEZ-VOUS, place; que tout tremble à l'aſpect d'un Médecin, qui expédie ſes malades en moins de vingt-quatre heures.... Fuyez & fremiſſez, cachochimes mortels.... & frémiſſons nous-mêmes.

JUPIN.

Tu as bien choiſi ton moment pour venir me chercher; j'allais monter ſur mes trétaux pour diſtribuer mon Orviétant; & une fois que je ſuis ſur le Trône de ma gloire, c'eſt le diable pour m'en faire deſcendre. Mais hâtons-nous de voir s'il y a moyen de le rappeller à la vie. (*Il va tâter le pouls de Caſtor, en faiſant pluſieurs lazzis.*)

TIRELIRE.

Mon biau-père futur, qui ne venez que quand votre fils eſt trépaſſé, tandis qu'en vous montrant à propos, vous auriez pu l'empêcher d'être aſſommé; ſi vous parachevez ſte cure merveilleuſe, vous paſſerez pour le meilleux Charlatan qu'il y ait dans tout Paris, où il y en a un ſi grand nombre.

POILU.

Pour moi, j'en ſerais enchanté. Je n'étallerai point ici de grands ſentimens, qui ſeraient, d'ailleurs, fort inutiles ; il eſt tout ſimple que j'aime mon frère, malgré ce qu'on voit quelquefois.

JUPIN, *après avoir examiné Caſtor.*

(*A part.*) Bon ! il n'eſt qu'évanoui. (*haut.*) Vous allez connaitre l'excellence de ma poudre. Je ſuis certain de le reſſuſciter. Mais j'ai bien fait d'autres cures ! Entr'autres, j'ai guéri un Allemand, qui ne pouvait plus boire de vin : j'ai rendu aimable un vieillard cacochime, qui plaiſait aux femmes par ſon ſeul mérite : j'ai ôté à un jeune Abbé la démangeaiſon de débiter des fleurettes : par le moyen d'un certain baume que je donne à pluſieurs Poètes, je ſuis cauſe que les Pièces nouvelles, qu'on donne depuis un an à Paris, ſont toutes excellentes : enfin, je ſuis parvenu à diſſiper radicalement l'amour-propre des Auteurs.

TIRELIRE, *à Poilu.*

Ah ! le grand homme !

JUPIN.

Caſtor & Poilu, mes petits jumeaux, me ſeront toujours chers. J'ai tant aimé leur mère, Mademoiſelle Léda ou Dada ! c'était une vertu dragone. J'eus diantrement de la peine à la mettre à la raiſon, moi qui ſuis un compère qui en ai déniché plus d'une. Savez-vous comment je m'y pris pour plaîr à cette beauté cruelle? Comme elle avait un grand ſaible pour les oiſeaux de ſa baſſe-cour, je m'aviſai un ſoir de m'équiper à-peu-près comme un dindon; j'imitai ſi bien les piou, piou de ces excellents animaux, qu'elle accourut, croyant que l'un d'eux lui demandait à manger. Mon déguiſement l'attendrit, & elle devint pour moi une jolie petite poule.

AIR: *ô gué lanla.*

Amoureux de la belle,
J'uſai, vraiment,
D'une ruſe nouvelle,
D'un tour charmant;
Je fus m'habiller en dindon,
Et j'en pris le ton,
Pour vaincre Léda,
O gué lanla lanlaire,
O gué lanla.

TIRELIRE.

Vous êtes eun peu bavard, Monſieur Jupin. Songez qu'il s'agit de reſſuſciter votre fils Caſtor.

JUPIN.

Vous faites bien de m'en faire reſſouvenir. Oui, il n'y a pas de tems à perdre: il ſerait ridicule de nous amuſer ici à chanter ou à danſer.

POILU.

Allez donc vîte au fait, mon petit papa.

JUPIN.

Oh., ça, il eſt bon de lui ouvrir la veine jugulaire.

(*Il tire une lancette énorme.*)

Il y a fracture dans l'os tibia ; je pense qu'il sera nécessaire d'y faire une incision cruciale, & de scier l'omoplate.... Morbleu ! il a quatre dents de moins, & deux côtes enfoncées.

TIRELIRE.

Je ne saurions être témoin de toutes ces opérations, moi qui ne peux tant seulement, sans m'évanouir, voir couler le sang d'un poulet.

(*Elle chante en sortant,*)

Y vaut mieux que je me retire,
Talaleri, talalerire.

SCENE XVI.

JUPIN, POILU, CASTOR *évanoui.*

JUPIN.

Quand il aura repris connaissance, il faudra lui faire avaler.... J'ai là justement des boles qui n'ont chacun que trois bouchées : c'est un remède à la mode.

(*Il tire de sa poche quelques boles aussi gros que des savonettes.*)

POILU.

O Ciel ! que voilà d'énormes pilules !

JUPIN.

JUPIN.

Bon ! j'en fais avaler de pareilles à bien des gens, qui tous les jours font la petite bouche.

POILU.

Mon papa, dépêchez-vous donc.

JUPIN.

Apprends qu'il eſt plus aiſé aux Chirurgiens & aux Médecins de tuer un malade, que de le guérir.... J'ai peine à changer la méthode. Cependant, procédons.

POILU.

Qu'avez-vous, mon papa? vous vous gratez l'oreille.

JUPIN.

J'ai voulu te cacher ton ſort : ſi je guéris ton frère, il faudra que tu ſois malade à ſa place.

POILU.

Quel conte vous me débitez-là !

JUPIN.

Rien de plus vrai. Il faut que quelqu'un de notre famille ſoit pendant ſix mois lunatique, hydropique, &c.

AIR : *Non, je ne ferai pas.*

J'ai voulu te cacher le ſort qui te menace.
Si je guéris ton frère, il faut prendre ſa place;
Tu ſeras à ton tour malade dans ſon lit;
Chacun, pendant ſix mois, vous ſerez décrépit.

POILU.

Tirelire sera donc veuve pendant six mois de l'année? Que de femmes voudraient avoir un pareil sort!

JUPIN.

Veux-tu que je t'envoie la fièvre, la pleurésie, le gras-fondu, & les autres bagatelles semblables qui empêchent ton frère de donner des signes de vie?

POILU.

Quelle chienne de cure vous allez faire! Vous n'êtes qu'un Médecin de bale.

JUPIN.

Je ne puis rien changer aux décrets de la Faculté: il nous faut quelques morts pour un malade que nous guérissons.

POILU.

Oh bien, je consens à partager les maladies de mon frère: c'est une bagatelle que ça.

JUPIN.

A la bonne-heure.... Écoute; je suis content de ta résignation. Apprends que tout ce que je viens de te dire n'était qu'une plaisanterie pour t'éprouver, & pour faire durer la Pièce plus long-tems.

POILU.

Ouf! vous m'avez fait une belle peur.

JUPIN.

Procédons à la guérison du mort-vivant. Tiens, je prends une pincée de ma poudre, & je la fais reniffler au malade trépassé.

(*Lazzis.*)

AIR : *Ah ! le bel oiseau, Maman.*

Vois quel remède excellent
Je viens de mettre en usage ;
Vois quel remède excellent ;
Il guérit un mort vivant.

AIR : *Tourloribo.*

Bon ! le voilà qui soupire.

POILU.

Oh ! oh ! tourloribo !

CASTOR, *commençant à revenir à lui.*

Bon ! je sens que je respire.

JUPIN & POILU.

Oh ! oh ! tourloribo.

CASTOR, *tout-à-fait rétabli.*

Je n'étais mort que pour rire.

TOUS LES TROIS.

Oh ! oh ! tourloribo.

POILU.

Maintenant, je n'aurais plus rien à desirer, si mon cher frère était Maître Chapelier, ainsi que moi.

JUPIN, *à Castor.*

Mon fils Castor, les Jurés savent que tu travailles quelquefois en chambre, & ont résolu de te saisir ; ils se proposent même de te mettre en prison.

CASTOR.

Il valait bien la peine de me rappeller à la vie, pour m'apprendre des nouvelles aussi désagréables.

JUPIN.

Il est fâcheux que tu ne sois pas aussi riche que ton frère Poilu. Tu n'es qu'un pauvre cadet; car tu es venu au monde le dernier.

POILU.

Je vais voir les Jurés, & tâcher de les fléchir. Mais il me paraît que tu as tout à craindre.

JUPIN.

En même-tems nous dirons à ta maîtresse, que tu n'es plus mort.

CASTOR.

Envoyez-la moi bien vîte, je vous prie, afin que je me croie tout-à-fait ressuscité.

JUPIN.

AIR: *Tourloribo.*

Quel plaisir pour Tirelire!

CASTOR, *tristement.*

Oh! oh! tourloribo.

POILU.

Courons vîte l'en instruire.

CASTOR.

Oh! oh! tourloribo.

JUPIN & POILU, *en sortant.*

Pour terminer son martire.

CASTOR, *encore plus froidement.*

Oh! oh! tourloribo.

(*Poilu & Jupin sortent.*)

SCENE XVII.

CASTOR, *ſeul.*

JE crains à tout moment de voir fondre ſur moi les Jurés.

AIR : *des Pèlerins.*

Ah ! je touche peut-être à l'heure
Que des bourreaux,
Vont me préparer pour demeure
D'affreux cachots.
L'Enfer habité par Pluton,
Eſt ſur la terre ;
On le voit dans chaque priſon,
Et l'on y voit Cerbère,

AIR : *Laire lan laire.*

Il faut pourtant prendre un parti.
Ils en auront le démenti ;
Je vais m'embarquer pour Nanterre,
Laire la,
Laire lan laire,
Laire la,
Laire lan la.

Ma foi, plutôt que de me laiſſer mettre la main ſur le collet, je vais partir ſans tambour ni trompette.... Mais pourrai-je m'éloigner de ma Tirelire ?... hélas ! n'en ſerais-je pas ſéparé ſi l'on me loge par force dans quelque Maiſon Royale ?

SCENE XVIII.

TIRELIRE, CASTOR.

TIRELIRE, *chante en entrant:*

AIR: *Le cœur de mon Annette.*

DE Castor je sis folle,
Il est mon petit Roi;
Je pardons la parole,
Tout drès que je le voi.
Eh, mais oui-da,
Comment peut-on trouver du mal à ça? *bis.*

2e. COUPLET.

Le plaisir à sa vue,
M'empêche de jaser;
La voix ne m'est rendue
Que par eun doux baiser.
Eh, mais oui-da,
Comment peut-on trouver du mal à ça? *bis.*

CASTOR.

Hélas! que je suis à plaindre!

TIRELIRE.

Pour le coup, voici le jour de nos épousailles. Qui peut encore te chiffonner malheur?

CASTOR.

En t'apprenant ce qui me désole, je crains de t'affliger.

TIRELIRE.

T'es comme eun oiseau de mauvais augure; t'as toujours de fichues nouvelles à me dire.

CASTOR.

Il faut que je quitte le pays.

AIR : *Turlurette.*

A l'honneur de vous revoir;
Je vous donne le bon soir;
Je vous quitte & vous regrete,
Turlurette!
Ma tanturlurette!

TIRELIRE.

T'as eune singulière manie-gance; tu ne m'approches que pour me dire adieu. Jarni! J'ons ben mal rencontré quand je t'ons donné la parférence.

AIR : *V'la ce que c'est que d'aller au bois.*

V'la c'que c'est qu'de faire un choix;
On s'prend pour eun bieau minois;
Mais souvent on s'en mord les doigts;
Moi qui voudrais rire,
Toujours y soupire;
Et v'la c'que c'est qu'de faire eun choix;
Eun seul amant en vaut-il trois?

CASTOR.

Mais je t'aime comme cinquante; & je devrais être déja bien loin de toi.

TIRELIRE.

Ne ſonge qu'à rire, qu'à boire, qu'à danſer : voici le jour de nos nôces.

AIR : *Boire à ſon tour.*

Caſtor, dans ce bieau jour
Tu dois prendre courage ;
C'eſt celui que l'amour
Deſtine au mariage :
Avec ardeur,
A mon vainqueur,
J'offre mon.... cœur.

CASTOR.

Je n'ai que trop reſté avec toi. Adieu, ma Tirelire. Je vais déloger ſans trompette.

(*On entend un grand bruit.*)

TIRELIRE.

Que ſignifie ſte tintamare ?

CASTOR.

AIR : *Des folies d'Eſpagne.*

Ah ! dans ces lieux les Jurés vont ſe rendre.
Pauvre Caſtor, te voilà donc perdu !
La priſon s'ouvre & je vais y deſcendre :
Oui, c'en eſt fait, & j'ai trop attendu.

SCENE XIX.

Les précédens, POILU.

POILU.

RASSURE-TOI, mon frère. Je viens de t'acheter la Maîtrise, dont le prix est diminué des trois-quarts, grace à la bonté du Roi. Les Jurés se préparent à te recevoir. Le bruit que tu as entendu provenait d'une saisie qu'ils ont faite ici-près chez un garçon Chambrelan, qui ne voulait absolument rien payer; ce qui n'est pas juste.

SCENE XX.

Les précédens, BÉBÉ.

BÉBÉ, *à Castor.*

EH ben, bel amoureux de sucre, qui pour moi n'est que du chicotin, tu prétens donc toujours dédaigner mes appas?

AIR : *Des Trembleurs.*

Parles, réponds-moi, grand drille,
Quoi ! ne suis-je pas gentille;
Et me croirais-tu donc fille
A supporter un affront?

Il faut que je te chamaille,
Ou bien fait notre épousaille;
Oui, je prétens, tout coup vaille,
Décorer ton joli front.

Te laisses-tu attendrir à la parfin, cher ingrat?

CASTOR.

Demandez-le à votre sœur.

BÉBÉ.

Cadet, j'en aurai raison; j'en jurons par mon baquet. Malgré les cruautés de ce visage de papier mâché, de ſtamoureux de nouvelle fabrique, je n'ons point été assez abandonnée pour me tuer ou me jeter dans la rivière.

POILU.

Et vous avez bien fait.

BÉBÉ.

Je vons de nouveau entrer en fureur. Il me faut un mari; & si je n'avons Castor, je lui arracherons les yeux, les oreilles, les.... Ne m'échauffez pas davantage; il sera mon hom', pour que j'ayons le plaisir de le faire enrager.

AIR: *Vraiment, ma commère, oui.*

De moi l'on se moque ici?

TOUS ENSEMBLE.

Vraiment, ma commère, oui.

BÉBÉ.

Méprise-t-on ma colère?

TOUS ENSEMBLE.

Vraiment, ma commère, voire.

BEBÉ.

2e. COUPLET.

C'eſt qu'il me faut un mari.

TOUS ENSEMBLE.

Vraiment, ma commère, oui.

BÉBÉ.

Un homme m'eſt néceſſaire.

TOUS ENSEMBLE.

Vraiment, ma commère, voire.

POILU.

Écoutez, la commère Bébé, quoique vous ſoyez une méchante femme, je vous épouſe, moi, afin que vous laiſſiez mon frère en repos.

BÉBÉ.

Touchez-là, Monſieur Poilu : dans un tems où les marſouïns commencent à devenir rares, vous pourrez en augmenter la race.

(*Air qui annonce l'arrivée des Maîtres, des Garçons Chapeliers & des Harangères.*)

SCÈNE DERNIÈRE.

CASTOR, POILU, TIRELIRE, BÉBÉ, JUPIN, CHAPELIERS & HARANGÈRES.

JUPIN.

Ne songeons qu'à nous réjouir.

AIR : *Ma commère, quand je danse.*

Mes enfans, entrez en danse,
Allons, tremoussez-vous bien;
Sautez par-ci,
Sautez par-là.

POILU.

Je partage mon fond avec Castor.

AIR : *Des folies d'Espagne.*

Quand il aura resté dans la boutique,
Le lendemain, à moi sera mon jour;
Ainsi tous deux attirant la pratique,
Nous paraîtront chacun à notre tour.

Et de deux jours l'un nous irons nous promener. (*Il chante.*)

Chacun à son tour,
Liron lirette,
Chacun à son tour.

JUPIN.

Écoutez-moi tous ; je vais prononcer un oracle.

TOUS LES ACTEURS.

Voyons, voyons, ça doit être beau.

BÉBÉ.

Diable, un oracle, c'eſt tout comme qui dirait une chanſon de l'Opira.

JUPIN.

Vous tairez-vous, pour que je parle ?

(*Il touſſe, crache, &c.*)

La Nécromancie que je profeſſe quelquefois, m'apprend que Caſtor aura un jour la gloire que les meilleurs chapeaux porteront ſon nom.

POILU.

Peſte, quel honneur pour Caſtor !

VAUDEVILLES.

AIR : *Chantons Letamini.*

BÉBÉ.

Le mari qui s'abſente
Eſt un charmant tréſor ;
Sa femme en eſt contente,
Et bien d'autres encor :
Vive un pareil Caſtor !

CHŒUR.

Vive un pareil Caſtor !

TIRELIRE.

J'eſpère de mon homme
Voir durer le tranſport ;

On part, & pis en ſomme
L'amour en eſt pus fort :
Vive un pareil Caſtor !

CHŒUR.

Vive un pareil Caſtor !

JUPIN.

Quand un mari facile,
Voit quelque matador
Couvrir ſon front docile
Avec un rameau d'or ;
Vive un pareil Caſtor !

CHŒUR.

Vive un pareil Caſtor !

POILU.

Le Panache que donne
L'Hymen par ſon accord,
N'eſt point vu de perſonne,
Grâce aux arrêts du ſort :
Vive un pareil Caſtor !

CHŒUR.

Vive un pareil Caſtor !

CASTOR, AU PUBLIC.

Moi, la gaîté m'inſpire,
Le plaiſir eſt mon fort ;
J'aime à vous faire rire ;
Et crois n'avoir pas tort :
Vive un pareil Caſtor !

CHŒUR.

Vive un pareil Caſtor !

CASTOR.

Si cette bagatelle
Arrivait à bon port,
Nous dirions, p'eins de zèle,
Dans notre heureux transport ;
Vive un pareil Castor !

CHŒUR.

Vive un pareil Castor !

FIN.

www.ingramcontent.com/pod-product-compliance
Ingram Content Group UK Ltd.
Pitfield, Milton Keynes, MK11 3LW, UK
UKHW020438180726
13839UKWH00004B/1548